J.-J. R.

# NOS DEVOIRS

## EN FACE

### DU

# SUFFRAGE

## UNIVERSEL

> L'Hôtel-de-Ville, voilà le Temple des peuples modernes.
>
> Les jours de vote, voilà leurs jours de fête.

CONSTANTINE

IMPRIMERIE L. MARLE

1874

# NOS DEVOIRS

## EN FACE

### DU

# SUFFRAGE

## UNIVERSEL

L'Hôtel-de-Ville, voilà le Temple des peuples modernes.

Les jours de vote, voilà leurs jours de fête.

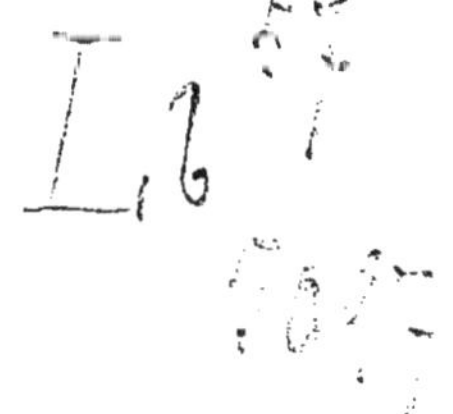

CONSTANTINE

IMPRIMERIE L. MARLE

—

1874

# NOS DEVOIRS



## EN FACE

## DU SUFFRAGE UNIVERSEL

> L'Hôtel-de-Ville, voilà le Temple des peuples modernes.
>
> Les jours de vote, voilà leurs jours de fête.

Nous tenons la République, et, pour autant que les pauvres humains peuvent être assurés de quelque chose sur leur boule fragile, il ne me paraît point présomptueux de considérer cette forme de gouvernement comme le refuge unique et désormais probable de nos interminables titubations politiques.

D'abord, l'idée de République n'inspire plus à la majorité pacifique et laborieuse du pays cette légendaire terreur, dans laquelle les hommes de réaction ont trouvé pendant trop longtemps leur plus puissant auxiliaire. Chacun, sous l'impulsion tragique des derniers événements, s'est approché du *monstre* ainsi jeté sur sa route pour la troisième fois ; on l'a regardé

1

en face et toisé avec cette énergie fiévreuse que donnent seuls une misère extrême et le besoin de secours. Aujourd'hui, la connaissance est à peu près faite ou au moins en fort bonne voie ; et, je le répète, en dépit des diatribes incorrigibles de quelques métaphysiciens politiques aux abois, il y a, dès à présent, des chances sérieuses pour que ces premières relations tournent peu à peu à la plus intime familiarité. Donc, comme je le disais, n'en déplaise aux fils des Croisés et à leur clientèle famélique, nous tenons la République.

D'autre part — et l'argument vaut la peine qu'on s'y arrête — les ennemis de cette *odieuse* République, aussi bruyants qu'acharnés, ne paraissent pas cependant animés d'un merveilleux esprit d'union pour combiner leurs attaques. Leur premier mouvement, celui de la malédiction, de la proscription implacable, est toujours réussi ; c'est un ouragan qui remplit l'horizon. Mais dès qu'il s'agit de monter à l'assaut, les arrière-pensées surgissent et soufflent la division dans les rangs ; la masse indécise, sourdement travaillée par les soucis du lendemain, par l'image du butin convoité, se dissout et s'éparpille. L'impulsion est rompue, tout est à recommencer.

Le résultat le plus clair de ces tentatives téméraires, de ces échauffourées, est une victoire de plus pour les républicains et un appoint de recrues nouvelles dans leur phalange compacte. Donc, je le répète, de par la supériorité irrésistible et fatale de la cohésion sur la division, de l'harmonie sur la dissension, nous tenons la République.

Si ce n'est point encore une possession tranquille, à l'abri des tribulations et des insomnies, il n'y a point là vraiment de quoi décourager des gens de cœur. J'incline même à voir dans cet état militant un appoint de plus en faveur de nos pronostics. Il n'est point mauvais que des propriétaires novices soient aguerris de bonne heure par les embûches de quelques larrons maladroits. C'est une bonne école, qui trempe les caractères et fait mieux sentir le prix d'une sécurité laborieusement conquise.

Mais, qu'est-ce à dire? La tâche des républicains serait-elle toute entière dans l'énergie de cette attitude défensive, et tout serait-il consommé parce qu'on aurait déjoué, pour un temps, toutes les compétitions hostiles, et consacré, pour une génération, les titres de propriété?... On sent bien que je pose là une question déjà résolue par la plupart des gens ayant quelque peu réfléchi sur la situation et, partant, soucieux du lendemain. La prise de possession, en la supposant même terminée; la pose des palissades qui limitent le domaine, et qui inspirent au passant malintentionné ou innoffensif une terreur salutaire ou le respect légal; tout cela, comme les cérémonies antiques qui plaçaient le champ du *Quirite* sous la protection divine, tous ces préliminaires ne sont évidemment que le premier acte de l'entreprise sociale; la grosse affaire, la plus difficile et la plus méritoire, c'est d'organiser le régime de possession; c'est, en d'autres termes et pour parler net, après avoir conquis le titre de citoyens, de s'en rendre dignes.

Se créer des mœurs, un tempérament, des allures d'*hommes libres*, tel doit être, dès aujourd'hui, chacun le dit ou le pense, le but capital et décisif de nos constants efforts.

Je vais essayer, pour quelques points, de chercher le chemin que nous avons à parcourir. Qu'aucun amour-propre, toutefois, ne prenne ombrage de mon modeste projet. Ce n'est point une thèse solennelle que j'aborde, mais un court entretien; j'y userai, bien entendu, de la franchise qu'on se doit entre égaux, pour jalonner les passages les plus évidents où notre *charrette* libérale me paraît risquer de s'embourber.

Et d'abord, sans nous lancer dans les subtilités métaphysiques d'une définition toujours scabreuse, voyons, avec quelque attention, ce que signifie pour nous ce mot « République. » La plupart d'entre nous, heureusement, n'ont point le triste privilége d'avoir eu, en leur jeunesse, la cervelle farcie de théories plus ou moins surannées sur les Républiques de l'antiquité; d'avoir écouté, pendant dix ans d'école, les amplifications scolastiques d'hommes d'État *in partibus,* rêvant pour le xix$^e$ siècle la politique de Rome ou d'Athènes. Nous datons presque tous de 89, et voulons voir les choses à notre point de vue, simplement, sans déguisement, comme il convient à des petites gens, à « des petits bourgeois » modérés, mais résolus dans leurs désirs.

Ceci dit, la besogne sera plus facile.

La République, pour les sociétés modernes, est tout entière dans son organe majeur, le *Suffrage universel.* C'est là, véritablement, la pierre angulaire de l'édifice, l'institution rédemptrice par laquelle les grandes aspirations de 89 ont fait leur entrée définitive dans la pratique. Tous appelés désormais à traiter des affaires publiques, à les discuter, à donner, au moment opportun, leur avis individuel. Plus de mandats héréditaires, plus de charges dégénérant, par la tradition et les empiétements des titulaires, en sinécures ou en priviléges arrogants. Et citons surtout, parmi les conséquences merveilleuses de cette mémorable acquisition, l'impossibilité, tous les jours plus évidente, de ces crises redoutables, de ces ébranlements révolutionnaires dont nos pères ont subi la dure nécessité. Ils n'avaient point, comme nous, ces premiers pionniers de l'évolution égalitaire, ce puissant instrument de délibérations et de protestations pacifiques, qui ouvre à tous, sans violence, sans acception de personnes, les portes du Conseil national. C'est au prix des plus violents efforts, de déchirements lamentables, qu'ils ont conquis cette précieuse égalité civique. Sachons nous souvenir de ces choses pour juger ces vaillants. Laissons la honte de l'ingratitude aux écrivains égarés qui promènent sans pudeur leurs impertinentes colères sur les époques tragiques de notre histoire, et tenons pour certain que la meilleure manière de prouver à la fois gratitude pour nos aînés et respect pour leur mémoire, c'est de continuer leur tradition et de féconder, maintenant, de nos sueurs pacifiques, les sillons qu'ils ont arrosés de leur sang.

Les droits entraînent les devoirs. — Vieil adage qu'il faut méditer sans cesse. Voyons quels sont les nôtres.

L'exercice du suffrage universel comprend trois opérations principales, je dirais plus volontiers, trois fonctions :

L'électorat politique ;
L'électorat départemental ;
L'électorat communal ou municipal.

Ces trois fonctions, n'en déplaise aux dilettantes politiques dont je pourrais effaroucher les délicatesses, ces trois fonctions constituent le *métier d'électeur*. Or, il n'y a pas, que je sache, de métier qu'on exerce sans apprentissage. Plus la *partie* est difficile, plus on est tenu de s'y faire laborieusement l'esprit ou la main. Ce sont là des truismes de cabinet comme d'atelier. Telle n'a point été, malheureusement pour nous, la marche suivie en la matière qui nous occupe. Un ensemble de causes que je n'ai point dessein d'énumérer ici, mais que je résume d'un mot : « La Fatalité » nous a contraints de violer, dans l'espèce, les règles du sens commun, et d'entrer en fonction sans connaître notre métier. Cette fâcheuse anomalie n'est pas une des moindres infortunes de notre orageuse initiation civique. C'est elle qui a valu et vaut encore tous les jours aux masses populaires ainsi soudainement investies, cette averse de récriminations et d'aménités dont les anciens privilégiés se donnent, à titre de réprésailles, les dédaigneuses satisfactions. *Vile multitude — Démagogie ignorante — Radicalisme légal* — tout ce vocabulaire de gens irrités et visiblement malades de dépit, ne serait qu'une pasquinade aussi ridicule qu'impertinente si la chose ne dérivait, au fond, d'une lacune réelle, d'un vice organique incontestable. L'aptitude *légale* a devancé, chez nous, l'aptitude *intellectuelle*. Le nier serait faire preuve d'un jugement médiocre; ce serait, chose infiniment plus regrettable, jouer le jeu de nos adversaires et justifier leurs arrogantes prétentions.

Voilà, certes, plus de raisons qu'il n'en faut pour piquer au vif notre amour-propre et nous rendre impatients de sortir à tout prix de cette intolérable situation. C'est, au surplus, le sentiment qui m'inspire ces observations, et qui leur donne un certain droit de rudesse dont il serait puéril de prendre ombrage. Je vais donc, après une ronde consciencieuse à travers nos mœurs, nos habitudes et nos préjugés sociaux, dénoncer ce que j'ai vu, et crier *au feu!* quand cela me paraîtra nécessaire.

Prenons une à une chacune des trois fonctions.

## ÉLECTORAT POLITIQUE.

Je pars de l'hypothèse d'une Assemblée nationale élue au scrutin *de liste*, c'est-à-dire par département; et non au scrutin *uninominal*, par arrondissement.

Le département est la véritable unité politique de la nation française. L'arrondissement n'est plus, depuis les chemins de fer surtout, qu'une unité factice, dont les Sous-Préfets resteront bientôt, je l'espère, les derniers défenseurs intéressés. Ajoutons, que cette mirifique invention de nos mécaniciens politiques actuels aurait le grave inconvénient de ramener les élections *de clocher*, et de faire revivre au XIX$^e$ siècle, avec le type indescriptible des hobereaux de province, les influences féodales d'une époque abhorrée. Donc tablons sur l'élection d'ensemble par département.

Pour faire de semblables élections avec quelque connaissance de cause, il faut pouvoir juger, au moins en bloc, les mérites respectifs des candidats, connaître et apprécier leurs tendances, comprendre la portée de leurs professions de foi, dont une littérature trop abstraite fait souvent le seul mérite. Il faut pouvoir s'entendre, s'éclairer par des discussions où les plus compétents viennent en aide aux autres. Il faut surtout, que les éléments de ces grands congrès électoraux soient autres que les simples individualités venant se heurter comme autant de grains de sable agités par une perpétuelle tempête, et soulever l'inextricable conflit de leurs compétitions privées. Il faut.... mais je m'arrête pour le moment, et c'est assez pour ce que je vais dire.

Si je regarde dans les cités ou dans les campagnes, je ne vois rien ou presque rien pour assurer la réalisation de ce programme, même tronqué : éducation dans la masse du peuple à peu près absente et tout entière à faire. Qu'on ne croie point, à cet égard, que la seule cause en soit le manque d'instruction initiale reçue dans la jeunesse. Cette lacune avérée, qu'on travaille, je le reconnais, à combler, n'est point la seule à constater. L'enfant, devenu homme, a besoin d'une autre nourriture intellectuelle que celle des bancs de l'école. Ce n'est point avec ce maigre bagage que l'on devient citoyen. Une fois plongé dans le milieu social, l'homme doit se frotter à l'homme, éclairer son jugement des lumières générales, et tendre sans cesse à ce que j'appellerais volontiers l'*équilibre civique*, par une continuelle transfusion des métiers et des fonctions. J'espère être compris sans insister davantage.

Or, que se passe-t-il ? L'ouvrier et le paysan entrent, dès l'adolescence, dans un isolement intellectuel absolu ; la cité n'offre à leurs rares loisirs que des occasions inacceptables ou nulles de s'élever aux méditations de la pensée. Quand l'heure du devoir électoral vient à sonner, c'est pour eux une secousse, un coup de feu, qui les surprend en flagrant délit.... d'indifférence ou de dispositions plus regrettables encore. Quoi de surprenant que des gens aussi médiocrement préparés deviennent la proie toute désignée des captations et des rastels électoraux ? Quoi de plus naturel qu'un peuple aussi brusquement éveillé, souscrive aux plus étonnantes propositions et donne à l'aventure son quittus plébiscitaire ?

Il ne faut point, d'autre part, malgré l'évidence

navrante du tableau, que les bourgeois, les gens des
« classes éclairées » s'imaginent posséder en politique
une supériorité bien considérable sur leur frère du travail manuel. Eux aussi, et pour des causes différentes,
restent généralement étrangers aux affaires publiques
pendant la partie la plus fructueuse de leur existence.

Ce n'est point, assurément, la lourde éducation
scolastique de nos lycées qui convient aux membres
actifs de la cité moderne. On peut bien, sous le mar-
telage répété de cet archaïque enseignement, fabriquer
assez convenablement des bacheliers en *us* et des métaphysiciens de première force. C'est bien le moins
qu'on recueille ce précieux résultat d'une dizaine
d'années ravies à la verte jeunesse ; — mais préparer
des hommes pratiques, des citoyens de leur temps et
de leur milieu, c'est là une opération à peu près dédai-
gnée de l'Alme Université. Par le fait, la masse bour-
geoise, à part les spécialités industrielles, administra-
tives ou militaires, un peu moins maltraitées, se trouve,
pour faire œuvre civique, aussi médiocrement outillée
que la masse ouvrière, que la masse agricole. L'arti-
ficielle culture des uns ne vaut guère mieux, pour cette
besogne, que l'ignorance des autres ; et le jour où chacun de nous, une fois la toge virile revêtue, doit se
plonger dans le grand milieu social, ce jour-là devient
le commencement des incertitudes, des égarements
sans nombre pour quelques-uns, et de l'indifférence
finale pour la majorité.

J'ai parlé de la division, en quelque sorte, *molécu-
laire* du corps électoral. Non-seulement, en effet, cette
grave question de l'élection politique n'est ouverte,
débattue, instruite, en un mot, qu'au dernier moment,
trop tard pour que les esprits calmes puissent résister
à l'entraînement des esprits nerveux ou les prémunir

contre les mystifications de la réclame ; mais encore, fait plus regrettable, les individus n'arrivent au scrutin que dans un isolement involontaire ou farouche, ou à l'état d'agglomérations factices, accidentelles et toujours hétérogènes. Nulle part, je ne vois de groupes rationnellement et préalablement constitués : ici, les artisans, là, les commerçants, l'industrie côte-à-côte avec l'agriculture. De ces unités vraiment organiques, et selon moi nécessaires, du grand *tout* social, seules capables d'instituer un débat fructueux, de débrouiller l'inextricable chaos des compétitions individuelles ou des querelles de partis ; de ces unités *naturelles*, je ne vois nulle trace (1). Quelques comités hors d'haleine, fonctionnant à la dernière heure ; quelques bandes de clients rassemblés à la hâte sous des bannières plus ou moins avouables ; autour de ces agrégations informes, la foule tourbillonnante et confuse des indécis ou des réfractaires. — ....Tel est le tableau habituel d'une de ces solennelles opérations, où l'avenir d'une nation s'engage pour des années, où le peuple donne à ses mandataires ce blanc-seing redoutable, qui peut ainsi le conduire, suivant la chance, à la prospérité.... ou aux abîmes.

Si j'ai forcé quelque peu les teintes, c'est pour me faire entendre plus profondément et plus loin.

Je passe aux conclusions qui me pressent, car j'estime que si d'autres en voient davantage, j'ai poussé,

---

(1) Je dois dire, pour être juste, que les ouvriers français se préoccupent depuis quelque temps d'aviser aux moyens de se faire représenter *directement* dans les Assemblées. — Les Trades-Unions anglaises viennent, au surplus, de montrer le chemin en envoyant au parlement (élu après la dissolution Gladstone — 1874) deux représentants ouvriers, dont l'honorable président de « l'*Union nationale des Mineurs* », l'ouvrier *Mac-Donald*.

du moins, au plus épais du fourré et relevé le plus grave.

Le premier de tous les remèdes, chacun l'a nommé, c'est l'*éducation civique* de la nation, de la nation tout entière, qu'on m'entende, dans tous ses rangs, dans toutes ses couches, lettrées ou illettrées. Partout, à peine d'une prochaine et irrémédiable décadence, il importe d'élever ce travail d'initiation politique à la hauteur d'un principe, d'en faire une institution sociale. J'ai parlé plus haut du métier d'électeur; il est contraire au sens commun qu'on prétende l'exercer sans apprentissage préalable. Quoi! nulle autre fonction, si infime fût-elle, ne saurait se passer de cette épreuve salutaire; pendant de longues années on apprendrait pour être maçon, forgeron...; on étudierait pour devenir avocat, médecin...; et pour être électeur, pour faire de la matière politique, de toutes assurément la moins maniable, il suffirait d'un décret, d'un signe du Pouvoir exécutif et d'une affiche posée! Quelques jours de réunions et d'entretiens plus ou moins bruyants; quelques circulaires ou professions de foi venant faire diversion à la routine de l'existence courante, et puis, plus rien! Les électeurs improvisés ont bâclé leurs députés et rentrent chez eux. On entend bien, quelques jours, les protestations des rares originaux qui ont eu la velléité discourtoise de prendre à cœur leur fonction et d'imposer un mandat aux candidats-mandataires; mais, ce léger murmure s'éteint promptement, tout rentre dans l'ordre et.... le tour est joué.

Non, mille fois non! Chacun le dit comme moi: ce système de surprise et de *bonne aventure* ne saurait plus longtemps durer. En attendant que le sentiment public soit assez énergiquement et universellement excité pour en finir, je vais risquer mon programme.

Les loisirs ne manquent à personne. Pas de fonctions ni de métiers qui n'exigent, pour s'exercer normalement, ces intervalles périodiques de repos nécessaires à l'esprit comme au corps. Chez nous, chez tous les peuples habitant les zones tempérées, le régime généralement adopté nous montre les soirées de la semaine et la journée du dimanche comme des étapes habituelles de toute espèce de travail intellectuel ou manuel. Or, dans l'état actuel de nos mœurs, de nos croyances morales et religieuses, toutes choses que je n'ai point à discuter ici, ces salutaires instants de relâche sont, il faut bien l'avouer, mal employés par un grand nombre, perdus pour le reste. Les sociétés antiques prodiguaient à leurs citoyens, d'ailleurs peu ou point occupés, les émotions viriles d'assemblées populaires, les grands spectacles du temple ou du cirque, et les jeux publics. Le monde féodal empruntait au mysticisme catholique, l'aliment longtemps merveilleusement fécond de la glorification des uns et de la résignation des autres. Tous ces instruments de discipline, je dirais presque d'anesthésie mentale, qui ont joué leur rôle, exercé leur influence à des titres divers, n'ont plus de prise sur les hommes de notre temps ; le forum, le cirque sont, aujourd'hui, des utopies ; et le crédit des idoles, de leurs miracles, n'est plus guère coté qu'aux rares pèlerinages, dont l'organisation laborieuse montre assez l'artificiel empire. *Excessere Dii.* — Vérité dure à certaines oreilles, mais dont la fatalité veut que la multitude s'accomode.

Le fait est qu'en présence de ces traditions épuisées, de cette décomposition des vieilles communions civiques, l'homme moderne reste, après son travail quotidien, à peu près seul et livré à ses instincts individuellistes. J'exagère, me dira-t-on, et je vois qu'on me montre de tous côtés nos cercles, nos cafés, nos théâtres, monuments admirables de notre sociabilité nouvelle. On ne saurait, en vérité, prêter à mes critiques et à mon plan un plus utile concours, et ces cafés, ces cabarets ne seront pas un de mes plus médiocres arguments.

Qui ne voit, en effet, que cette situation, désormais consacrée par nos évolutions sociales, exige son complément organique; que le vide laissé par les mœurs antiques veut être comblé par des mœurs nouvelles; et, qu'à peine de déchéance, notre existence doit suivre un régime en harmonie avec notre système politique? Où trouver, dès-lors, une occasion plus favorable et mieux indiquée, qu'en ces loisirs du dimanche et de la semaine, pour procéder à l'acquisition graduelle de ce qui nous manque; pour organiser, en un mot, l'institution régulière de notre éducation, de notre apprentissage politique? Je ne sache pas, en vérité, qu'il puisse se rencontrer aucun citoyen d'aucune « couche sociale » capable de refuser, de parti pris, les bienfaits d'une semblable institution. Dédaigner l'instruction, quand elle se présente et s'impose avec ce caractère d'urgence sociale, serait un cas d'indignité dont je ne fais pas l'hypothèse. J'estime que nos mésaventures et nos misères nous ont servi, et que nous voulons fermement résoudre le dilemme: « Etre ou ne pas être, » en hommes de cœur.

Je laisse donc de côté toutes les objections de détail. Je reste sourd aux clameurs désespérées des cafés, cabarets et autres établissements dépouillés de leur monopole d'attraction et protestant *pro aris et focis,* et, fort d'une adhésion unanime, présumable au principe, je soumets, en attendant mieux, l'exposé sommaire de mon canevas :

(A) L'autorité élective (Conseil général) du département sera immédiatement chargée d'organiser, sous le contrôle suprême de l'Assemblée, l'éducation politique et sociale de tous les adultes du département ;

(B) Cette éducation sera donnée à l'aide de conférences publiques, urbaines et agricoles, instituées dans les centres communaux, aux jours et aux heures indiqués par le régime du travail ;

(c) Elle portera principalement, en dehors des éléments qui pourront incidemment y être ajoutés, sur les matières suivantes :
> Éléments de géographie et d'histoire générales ;
> Éléments d'économie sociale (industrie, commerce, statistique générale ;
> Éléments de droit public et de droit civil ;
> Éléments de sciences naturelles (hygiène, météorologie, mécanique pratique) ;

(D) Les professeurs ou conférenciers seront nommés par les autorités électives de chaque centre communal. Ils recevront une rémunération.

Tel est mon projet, ou plutôt mon ébauche. Je la livre, non avec la prétention téméraire d'avoir tout dit ni même d'avoir dit juste. L'important est que chacun veuille bien méditer quelque peu sur ce grave sujet, et apporter, comme moi, sa pierre à l'édifice de l'avenir.

Que nos Hôtels-de-Ville, que nos Mairies, remplacent pour nous, désormais, le Forum, le Portique des Anciens, l'Église de nos pères. Que « la Maison commune » justifie cette appellation rustique, mais d'un sens profondément vrai, par le concours régulier et actif des citoyens s'y réunissant pour apprendre, par ce frottement mutuel, à traiter plus sagement les affaires communes. Le résultat d'un tel régime se fera sentir, soyez-en sûrs, dans toutes les manifestations de la vie publique, mais, d'abord et surtout, dans celle qui nous occupe ici, dans l'exercice du suffrage universel et de l'électorat politique.

Ce sera la réponse que la Démocratie moderne saura faire à l'inqualifiable anathème que l'Europe, stupéfaite, vient d'entendre proférer au Vatican par une bouche *infaillible :* « Le suffrage universel n'est que le mensonge universel (1). »

---

(1) Allocution de Pie IX aux députés des Missions catholiques de France et autres lieux (mai 1874).

## ÉLECTORAT DÉPARTEMENTAL.

La division du territoire en départements date, on le sait, comme la plupart de nos meilleures institutions, de la grande époque de 89. C'est une des œuvres solides de ces hommes intrépides, de ces organisateurs laborieux, dont je n'aurai point le mauvais goût de faire l'éloge. L'Histoire, l'impartiale Histoire est déjà, pour leur mémoire, l'éclatante revanche des clameurs mercenaires ou des diatribes de partis. Mais si le département, avec son préfet, ses sous-préfets et toute la partie gouvernementale du mécanisme administratif (sauf les noms, qui n'avaient point la même physionomie), si le département, ainsi à peu près constitué, remonte aux décrets de 1789 (14 décembre) et de 1790 (26 février), il n'en est point tout à fait de même des organes électifs représentant directement les administrés, notamment du conseil général (ou départemental). Cette institution populaire, parfaitement conçue par nos premiers constituants, a naturellement subi le contre-coup de nos tourmentes politiques et de nos évolutions gouvernementales. Réduite, comme tout le reste, à l'état de conseil de *mamelouks* sous le premier empire ; languissante et effacée sous la Restauration ; remise péniblement sur une jambe par la monarchie censitaire, cette institution nécessaire a cependant survécu à cette enfance de persécutions ; 48 l'a trouvée debout, lui a donné la force de la jeunesse, et le deuxième empire — car il faut au moins laisser à ce

pauvre régime le peu qui lui revient — le deuxième
empire lui a fait goûter les premiers fruits de l'âge
mûr. C'est là, pour le moment, sauf quelques retou-
ches de costume dues aux appariteurs de « l'ordre
moral, » l'*homme* que nous tenons aujourd'hui. Ce
sont les attributions de cette personne morale, chargée
de nous représenter aux portes de notre foyer, qui
me paraissent être pour tous, riches et pauvres, de
quelque intérêt.

Je ne vais point, assurément, entamer une thèse de
législation administrative, et n'ai point cet aplomb
encyclopédique qui permet de s'élever élégamment
« à hauteur de tous les sujets, » de discuter *de omni
re scibili*. Donc, tout en me bornant de mon mieux, je
vais me livrer au petit travail qu'on aurait dû nous
mâcher sur les bancs de l'école, et ouvrir quelqu'un
de ces manuels, auxquels il paraît jusqu'alors si absolument impossible de faire la moindre place à côté du
catéchisme ou des vers latins. Au premier abord, le
bouquin semble raconter, en un style singulier, des
choses plus singulières encore pour des lecteurs ayant
fait leurs « humanités » ou n'ayant rien fait du tout.
On revient vite de ce premier étonnement. « L'étonnement, a dit, d'ailleurs, un sage (1), est le commencement de la raison ; » et la raison une fois empoignée,
la lecture devient intéressante. Tâchons de la résumer.

Les conseils généraux s'assemblent plusieurs fois
par an. Bon signe déjà, qui indique qu'on se sert
d'eux et qu'on les fait travailler. Dans ces sessions,
ordinaires ou extraordinaires, nos honorables mandataires se livrent à une besogne fort variée, dont les
éléments ont chacun son étiquette ou son nom en lan-

(1) Platon, si je ne me trompe.

gage administratif, mais que je puis assez exactement résumer *en bloc* sous les trois rubriques suivantes :

Ils *décident souverainement,* c'est-à-dire en dernier ressort, sur certaines choses ; ils *délibèrent,* sous la sanction de l'autorité exécutive supérieure, sur d'autres ; ils se bornent, enfin, discrètement, pour le reste, à émettre *ces vœux respectueux*, à l'égard desquels les gouvernements oublient quelquefois les règles de la civilité.

Dans le premier groupe, il s'agit, particulièrement, de la bourse des contribuables et des besoins généraux du département, considéré comme membre de la grande famille nationale. Répartition de l'impôt direct (sur la propriété foncière) entre les communes, d'une part ; de l'autre, dénonciation au ministre des besoins du département, sous les différents points de vue de son fonctionnement intellectuel, agricole et économique. Institutions d'enseignement scientifique, technique. Fondation d'établissements hospitaliers, créditaires, artistiques. Tracés de routes, voies ferrées, canaux, etc. Je laisse à l'imagination de chacun le soin de dresser cette liste considérable, dont je n'indique que les jalons.

Au second groupe appartient, en première ligne, l'examen, la discussion de l'existence financière et économique du département lui-même, la grosse question de son budget en un mot. Il ne s'agit rien moins que de la gestion des *affaires* et des propriétés du département, considéré comme *personne civile :* Exploitation, gérance, surveillance et choix du personnel *ad hoc ;* acquisitions, aliénations, échanges. J'estime qu'en voilà assez pour tenir en éveil notre curiosité et pour arracher, de temps à autre, les plus apathiques aux douceurs de la vie *exclusivement privée.*

C'est dans le troisième groupe, enfin, que doivent se donner carrière la sagacité, la sollicitude patriotique, je dirais presque les instincts populaires de nos représentants du second degré, de ceux qui touchent de plus près aux différentes couches sociales et en reçoivent, par là même, plus directement, les intimes aspirations. Haute et féconde mission, qui n'est point, à la vérité, sans déboires ; nous l'avons vu et le voyons encore fréquemment, aux nombreux échecs qu'un trait de plume de Versailles signifie à ces manifestations départementales. Mais qu'importe ? Chacun fait son devoir en conscience. Ici, on manifeste ; là, on *biffe*.... Ce qu'on ne peut, toutefois, biffer, c'est l'intention arrêtée, c'est le mobile du vœu, qui reste comme une pierre d'assise, sur laquelle viendra, tôt ou tard, s'édifier quelque chose de solide. Les hommes passent et encore plus vite les ministres.... Les choses suivent leur cours immuable.

Voilà, certes, un programme assez complet, disons le mot, imposant, et qui fait rêver. Rien qu'à ces grandes lignes, à cette forte charpente, on voit bien que la main de deux ou trois princes et les efforts de quelques générations n'y auraient point suffi ; qu'on est en face d'un édifice séculaire, lentement élevé et portant partout la marque des manifestations progressives du génie national. C'est la vérité. Dès avant 89 comme après, la France avait ses assemblées provinciales, ses administrateurs *élus,* qui, tant bien que mal, louvoyant avec les caprices royaux, remplissaient leurs modestes et utiles fonctions. Ce qui explique ce vieil aphorisme des jurisconsultes, dont l'histoire de l'ancienne monarchie pourrait faire douter : « *Au Roy le gouvernement, au pays l'administration.* »

Mais ceci dit, pour rendre à chacun la justice qui

lui est due — *suum cuique* — j'y trouve, pour ma thèse,
un argument qui vaudrait à lui seul le plus magnifique
plaidoyer. Mis ainsi, face à face, avec le labeur opiniâ-
tre de nos pères, avec cette succession d'efforts infatigables, quelle apparence, en effet, qu'aucun de nous se
laisse plus longtemps mollir et ne se sente, à son tour,
saisi de cette ardeur virile qui a combattu de tels
combats et préparé ces premiers triomphes de la liberté
humaine ? On sent bien qu'il s'agit là d'une consigne
sacrée, d'un poste d'honneur ; que si d'autres nous fa-
tiguent, parfois, de la gloire tapageuse ou des exploits
batailleurs de leurs ancêtres, nous avons, nous autres petites gens, la mission plus pure de maintenir
haut et ferme et de continuer, sans faiblir, ces vieilles traditions de travail, de dignité et d'indépendance.

Le programme est tracé, disons-nous, et tel qu'il est,
même avec ses lacunes, les plus exigeants pourraient
s'en contenter et prendre patience. Mais tracer le plus
beau programme ne suffit pas : il faut le remplir. C'est
ici que nous sommes faibles, profondément faibles ;
c'est le point où, pour parler net, nous avons le plus
pressant besoin de nous secouer et d'aviser.

Quels sont, en effet, les agents de cette grande œuvre
administrative, dont le canevas nous a *relativement* satisfaits ? Quels sont les provocateurs véritables du travail dévolu à la machine ? Avec la meilleure volonté
du monde, je n'y vois, en dehors des représentants de
l'autorité exécutive, que nos élus, nos mandataires.
Gens instruits et notables, me dira-t-on, dans la sagacité et le patriotisme desquels on peut avoir pleine
confiance. Ne sont-ce point, l'ai-je observé moi-même,
nos concitoyens directs, collègues, associés compa-
gnons, menant la même vie, pressés des mêmes be-

soins, et plus aptes que personne à conduire la barque départementale ?

Oui, bien..... Mais où donc s'est-il vu qu'avec le meilleur *mandataire,* le *mandant* puisse s'endormir et s'effacer ? Que l'acte instantané de l'élection constitue, en un mot, la seule manifestation active de ce dernier, et qu'une fois nanti de son *blanc-seing* absolu, le premier reste livré, je dirais presque condamné à sa seule loyauté, à ses seules lumières ? Autant vaudrait avouer que la représentation n'est qu'un mot, et le régime électif une colossale mystification.

J'entends bien qu'on me trouve, en certain lieu, trop absolu et que d'aucuns crient au paradoxe. On me montre, avec complaisance, ces maigres réunions électorales dont j'ai déjà parlé ; cette propagande de quelques jours, où, suivant l'expression, l'élection « *se chauffe* » trop souvent à la fa façon d'un coup de bourse ou d'une spéculation véreuse. On triomphe de cette publicité *à tous crins* — donnée surtout dans les feuilles officielles, — de ces délibérations solennelles de nos conseils sous l'œil des citoyens largement introduits dans le sanctuaire. Encore un peu, et l'imagination aidant, tous ces aristarques de libéralisme nous feraient oublier les plus intéressantes inventions de notre époque, les opérations des préfets à poigne, les merveilles fantastiques de l'ordre moral, et *tutti,* qui auront certainement une place méritée dans l'histoire. Il n'y aurait plus qu'à nous considérer comme la nation la plus abreuvée, la plus saturée de liberté et d'initiative politiques.

Tout cela n'est pas sérieux. La vérité est que les élections départementales se bâclent d'une façon tout aussi déplorablement sommaire que les élections politiques. Aussi bien, comment pourrait-il en être autre-

ment, et par quel tour de force intellectuel les électeurs se trouveraient-ils, tout d'un coup, juste au
moment voulu, investis d'aptitudes improvisées ?
Quoi ! sans préparation, sans méditations, sans efforts, ils seraient tenus capables d'aborder, sans bron-
cher, ces graves et multiples questions, toutes également impliquées dans une élection ! Demain, il s'agira
du choix à faire entre un canal et un chemin de fer ;
de la création d'un lycée, d'un établissement d'apprentissage professionnel, d'une institution agricole. Un
autre jour, de l'installation d'un évêché, d'une halle
ou d'un marché. Bientôt, que dis-je ? aujourd'hui, à
l'heure même, de toutes les mesures à prendre pour
aider l'Etat dans l'organisation territoriale de nos
forces nationales.... Et pour tout cela, ces braves gens
quittant un instant l'atelier, la boutique ou la charrue,
viendraient sciemment, délibérément, sans s'être
consultés, du reste, faire choix de l'homme qu'il faut,
discuter son programme, l'amender....

On sait bien que cette hypothèse est la plus triste-
ment constatée de toutes les chimères, et que les électeurs, en réalité, ne sont, forcément et contre leur gré,
je le veux, que de fort innocents comparses dans l'é-
lection. Le mandat même, quand il existe, ne saurait
être, en de semblables circonstances, que ce qu'il est
le plus communément : un simple *billet à La Châtre*,
autrement dit un simple engagement platonique.

A propos de ce mot terrible, dont la seule menace
provoque le *tolle* de tous les candidats équivoques et
soulève encore, chez quelques hommes sincères, d'in-
explicables répugnances, je ne crois point hors de
propos de dire sur la chose mon avis.

Quoi ! un mandat impératif, une leçon toute faite et
des lisières étroites à des hommes que vous tenez en

assez haute estime pour en faire vos représentants !
Un tel stigmate de méfiance infligé à ces honorables,
dont la candidature n'est après tout qu'un sacrifice à
la chose publique, la mission un acte de dévouement !
*Proh pudor!...* Sans compter, poursuit-on, qu'en dehors de la dignité humaine, dont vous faites litière, la
logique n'est point mieux traitée ! Quelle apparence,
en effet, que vous puissiez ainsi, d'avance, sans le
moindre soupçon des éventualités ultérieures, pres-
crire à votre mandataire son attitude, ses votes, et
tenir dans ces lacets ridicules celui dont vous pré-
tendez faire un administrateur, un législateur souve-
rain ? Autant vaudrait — un grand orateur l'a dit (1),
et le bon sens a ratifié cette véhémente protestation —
autant vaudrait supprimer carrément les mandataires
et mettre à leur place le papier de leurs mandants.

Voilà bien, je crois, l'argument magistral des adversaires du mandat. L'inventeur, on s'en fait gloire, est,
en effet, un des plus fameux tribuns qui aient élec-
trisé les Assemblées françaises, mais aussi un de ces
représentants populaires dont la loyauté, l'intégrité
politiques ne sont point, que nous sachions, passées
en proverbe. C'est une raison pour nous montrer
moins crédules. Ce n'est pas la seule. Je ne veux point
faire une enquête parlementaire et chicaner sur la
question délicate d'honorabilité. C'est un chapitre où
chacun est en mesure de se faire une opinion d'après
ses impressions et ses souvenirs personnels. Je me
borne au côté logique, pratique du problème ; et
malgré tous les dythirambes sur la dignité, sur la
spontanéité, etc., je tiens, non-seulement pour parfaitement praticable, mais pour absolument indispen-

(1) Mirabeau.

sable que, sur toutes les questions de principe, le représentant à tous les degrés soit pourvu d'un mandat, et d'un *mandat impératif,* entendez-vous ? Je vais plus loin, et comme toute mesure veut une sanction, je voudrais que le premier souci de nos législateurs eux-mêmes fût d'édicter une bonne et sérieuse pénalité pour tous les cas *d'infidélité électorale.* Le blanc-seing n'est-il point, après tout, dans la vie publique comme dans la vie privée, une rare exception, et le mandat la règle de toutes les transactions ? Ce n'est point une des moindres singularités de notre époque, qu'une thèse aussi naturelle, presque banale, provoque de si impétueuses contradictions et fasse crier au paradoxe. — Mais, erreur aujourd'hui, vérité demain. Pour mon compte, et en dépit des anathèmes calculés ou des répugnances préconçues ; malgré l'éloignement singulier ou l'indifférence des intéressés pour cette pratique salutaire du mandat, je me déclare pleinement rassuré sur son avenir prochain. Comme toutes les choses logiques, il domptera le préjugé, il forcera l'opinion, et nous trouvera, bientôt peut-être, sincèrement étonnés d'un ostracisme que nous ne pourrons plus comprendre.

Telle est l'hypothèse avec laquelle je reprends pour conclure.

Les électeurs de toutes les catégories, bourgeois, ouvriers, paysans, sont à peu près novices pour remplir les fonctions de l'électorat départemental, aussi bien que pour celles de l'électorat politique.

Il leur manque à tous, pour des raisons et à des titres divers, dont mes observations n'ont évidemment qu'ébauché l'analyse, il leur manque l'instrument capital, l'instruction. Chez les uns, c'est une lacune dans l'éducation ; chez les autres, c'est le manque absolu ou l'état misérable de l'initiation intellectuelle; chez tous, c'est la négligence ou l'indifférence.

Le maintien de cette ignorance civique, qui ferait de notre évolution sociale une marche désordonnée, une navigation sans pilote, amènerait infailliblement la ruine graduelle de nos libertés politiques, et nous rendrait la risée de l'Histoire; — car, si l'ignorance peut faire le jeu des hommes de réaction, je ne vois point de terme pour infliger aux bourgeois de 89, soutenant la même thèse, la qualification qu'ils méritent.

Donc, il nous faut, à tout prix, des institutions qui nous assurent, non pas virtuellement, mais réellement, l'acquisition de cette initiation civique ; qui pénètrent jusqu'au plus profond des masses électorales, et qui secouent sans relâche cette torpeur que nous tenons d'un passé dix fois séculaire. Ces institutions, je les ai indiquées pour l'électorat politique. Qu'on trouve mieux, je le désire et y pousse de tout mon cœur, mais qu'on trouve au plus vite.

Je termine par cette réflexion :

Tous les régimes théocratiques des peuples-enfants — et c'est encore notre cas, par bien des côtés ; — tous les régimes fondés sur l'incarnation humaine d'une autorité censée divine, toutes les *théolatries,* en un mot, se sont fait, et avec raison, une loi suprême d'avoir leurs institutions pédagogiques, leur enseignement dogmatique populaire, leur « catéchisme. » C'est là — l'histoire et le présent le montrent — la pierre angulaire de leur édifice gouvernemental. Eh bien ! je prends à ces habiles, à ces maîtres en science sociale, je prends le mot et surtout la chose. Je demande, pour les hommes d'aujourd'hui, un *catéchisme politique ;* j'en demande surtout l'enseignement *obligatoire.*

Que dirais-je de plus pour l'*électorat municipal ?* Ce

serait, en descendant les échelons politiques, la même enquête, les mêmes constatations et les mêmes conclusions. Donc, je m'arrête, et attends sur mon sillon l'aube des jours nouveaux.

# ESSAI

DE

## CONSULTATION MÉDICALE

### CONTRE L'ENDURCISSEMENT ÉLECTORAL.

————— ⊢✳⊣ —————

Un dernier mot, cependant, pour clore ces réflexions par un aveu grave, mais par un aveu nécessaire. — Le corps social a ses maladies comme le corps humain. Son état sanitaire, obéissant aux flottements de la civilisation, est, à chaque époque, l'image fidèle des reculs comme des progrès accomplis. C'est toujours, en fin de compte, dans cette alternative perpétuelle de rétrogradations et d'améliorations, dans cette lutte du bien et du mal, c'est toujours le bien qui l'emporte, l'idée juste qui a le dernier mot sur le préjugé. — Soit. — Raison de plus, pour faire la juste part de l'*actif* réel et pour se garer des illusions. La vérité est, que nous nous guérissons bien, peu à peu, d'un nombre incalculable d'infirmités invétérées, de tares endémiques ; mais, que ce travail d'expurgation marche avec une terrible lenteur, et qu'au bout de .

chaque effort, s'imposent incessamment une nouvelle tâche et d'autres labeurs. Agir sans cesse, au surplus, agir sans relâche, n'est-ce point là le suprême de l'espèce? *Rien de fait, tant qu'il reste à faire.*

Or, parmi ces maladies opiniâtres, non maîtrisées jusqu'alors, il en est une qui nous afflige particulièrement, et qui résiste aux cures les plus énergiques. Conseils de la raison, leçons de l'expérience. Rien n'y fait. Le mal persiste et poursuit son œuvre funeste. Il s'enracine dans nos mœurs, devient une habitude et nous tient comme une proie. Je le nomme d'un mot, c'est l'*indifférentisme politique.* Mot barbare, si l'on veut, mais que tous comprennent sans commentaires. Ce n'est point, en effet, après les votes moutonniers de l'Empire, après le Plébiscite, après tous ces détestables blancs-seings prodigués à des hommes n'ayant d'autres titres à la confiance que leur audacieuse rapacité ou leur servilisme; ce n'est point après ce lamentable sommeil politique de vingt ans, qui nous a valu, pour réveil, l'invasion et la ruine; ce n'est point avec des gens tout meurtris encore, et mal remis de leurs blessures, qu'on va s'attarder aux développements, épiloguer sur les caractères du fléau. La parole est aux faits, et les faits brutaux sont là qui définissent et qui font la preuve. Leur souvenir déchirant fait jaillir, dans l'esprit de chacun, cette lueur sinistre qui double le châtiment de la faute commise, et prépare le remords. Oui, le remords, entendez-vous, citoyens! Car, n'oublons pas, n'oublions jamais, qu'abandonner son poste d'électeur ou voter les yeux fermés, ce qui est tout un, c'est s'abandonner soi-même, c'est abandonner son pays!

Sans plus insister donc, sur les conséquences du

mal, cherchons-en l'explication, les causes organiques,
C'est le seul moyen d'avoir prise sur lui et de le
combattre avec quelque chance.

Et d'abord, constatons cette circonstance aggra-
vante, que ledit fléau agit absolument à la façon des
épidémies; qu'il sévit en haut comme en bas, dans
toutes les couches sociales, chez le bourgeois comme
chez le prolétaire, à la ville comme aux champs.
Volontaire ou inconsciente, l'indifférence politique se
glisse dans tous les milieux, domine ou fascine les
esprits les plus divers, les tempéraments les plus
opposés; elle s'établit partout comme chez elle, et,
ce qui est plus grave, ne manque nulle part d'arguments spécieux pour se justifier. Ecoutez le bourgeois,
le paysan, l'ouvrier, — j'entends ceux qui sont at-
teints du mal et qui s'y complaisent, — c'est toujours
la même note, sauf les variantes dérivant du métier,
du genre de vie, de l'éducation.

« Voter, faire acte de citoyen, disent-ils, voilà qui
» est fort bien. Mais, pour voter avec connaissance
» de cause, il faut choisir et *savoir* choisir. Or, la
» politique n'est point notre métier et porte rare-
» ment bonheur à ceux d'entre nous qui y touchent.
» Quelle imprudence, en effet, que de délaisser ainsi
» ses affaires, de s'ingérer de la chose publique,
» quand à peine on suffit pour mener sa barque !
» Toutes ces belles idées ne sont pour nous, autre
» chose que le contraire du sens commun. Qu'elles
» fassent le bonheur de quelques cerveaux brûlés ou
» de ces rêveurs dont les admirables discours nous
» endorment; soit! Chacun prend son plaisir où il le
» trouve, sauf toutefois, à ne point gêner les autres.
» Mais nous, à notre tour, gens de peine et de travail,

» nous qui savons, et pour cause, le prix du temps
» et le poids des sueurs d'un homme, nous estimons
» qu'à ces fantaisies, nous aurions tout à perdre et
» rien à gagner. Que chacun, donc, reste à son poste.
» Nous au comptoir, à la charrue, à l'atelier; les
» *autres*, ceux qui en font profession, au timon des
» affaires publiques.

» Ce n'est pas, au surplus, ajoutent-ils, non sans
» quelque pointe d'une gauloise ironie; ce n'est pas
» que nous n'ayions, dans ces hommes d'Etat, dans
» tous ces administrateurs de métier, une confiance
» illimitée; que nous prétendions, encore moins,
» démêler à travers leurs interminables querelles les
» bons des médiocres, voire des mauvais. Nous
» n'avons point ce flaire subtile. Nous voyons les
» choses plus simplement, en gros et par les résultats
» qui nous touchent. Mais, franchement, après ces
» élections si vantées, après les étonnantes manœu-
» vres de ces candidats presque toujours méconnais-
» sables au lendemain de la bataille.... nous deve-
» nons, comme on dit, sceptiques. Nous restons
» d'autant plus sourds aux sollicitations, aux pro-
» messes, qu'on nous les prodigue sans compter et
» que nous savons *ce qu'en vaut l'aune*. Tout cela,
» d'ailleurs, est, paraît-il, de l'histoire fort ancienne,
» et, si nous savions parler latin comme ce Romain,
» homme d'esprit en son temps, nous dirions avec
» lui :

» Quidquid delirant reges, plectuntur Achivi....

» ce qui veut dire, on le sait, en bon français, que
» la bataille se livre au-dessus de nos têtes, et qu'à
» rester, chaque fois, *Gros-Jean* comme devant, mieux
» vaut se tenir coi et garder sa maison. »

Voilà, je crois, l'expression, peut-être un peu crue, mais certainement exacte, des arguments les plus décisifs, dont s'encouragent, en haut comme en bas, nos indifférents et par lesquels chacun pense expliquer son cas. Propos, en apparence, pleins de sens et de raison; dangereux et détestables sophismes, pour peu qu'on y regarde. C'est ce que je vais tâcher de faire pour les plus gros articles, laissant à chacun, le soin de trouver, pour sa situation particulière, la réplique aux détails.

Je prends donc, un à un, les morceaux les plus résistants de cette argumentation soporifique.

En premier lieu, la grande masse des électeurs serait, dit-on, forcément incompétente, et, en quelque sorte, *mineure* pour l'action civique. C'était, peut-être, la vérité hier; mais, aujourd'hui, l'assertion est d'une inexactitude flagrante, et ne sera plus demain qu'une calomnie gratuite à l'adresse du peuple. Toutes les manifestations du suffrage universel, depuis son origine, en tant qu'elles ont été libres ou à peu près, sont le témoignage éclatant de son éducation progressive. Chaque jour le trouve plus ferme, plus éclairé, plus méthodique dans ses aspirations. Les flottements et les tristes égarements du début sont déjà de l'histoire ancienne, et pour tout dire d'un mot, je penche à croire que cette affreuse répugnance, qu'inspire, à quelques-uns, le merveilleux organe de la Démocratie, vient précisément de cette maturité inattendue avec laquelle on le voit fonctionner et faire son œuvre. Ce sont là des faits qui valent plus que toutes les dissertations. Ils ont même opéré, non pas des miracles, mais mieux que des miracles; ils ont déterminé, chez plus d'un homme d'Etat fameux, jusqu'alors, par ses antipathies pour l'institution, l'adhésion la plus complète, une véritable conversion (1). Non pas qu'un tel début doive nous éblouir, et que nous n'ayions plus qu'à nous reposer, comme ces moines du moyen-âge, qui trouvaient tout parfait, quand tout marchait au couvent. Ce serait, en vérité, le plus grand des malheurs qui pût, après tant d'autres, nous arriver encore et nous achever. C'est bien d'avoir su sauver le suffrage universel des furieux assauts dont on l'a harcelé depuis sa naissance. C'est mieux de l'avoir fait carrément et sagement manœuvrer dans quelques douzaines de circonstances mémorables. Mais tant que les bataillons d'électeurs ne sont point au complet, tant qu'il reste un isolé ou un traînard, restons en vedette et gardons nos postes de combat.

J'ai dit, plus haut, comment, à mon avis, nous devions nous y prendre pour nous pelotonner, pour travailler, sans relâche, à ce ralliement patriotique. Stimuler les indifférents, rassurer les timides, et, il faut bien le confesser, éclairer les ignorants. Tel est le *devoir* pour assurer le *droit*. Si les moyens que j'ai indiqués ne sont point les meilleurs, je crois, cependant, qu'ils valent la peine d'être essayés, sauf, à l'épreuve, à trouver mieux.

J'ajoute, à propos de cet impertinent prétexte d'incompétence électorale jeté sans cesse à la face des Travailleurs, du *petit peuple,* j'ajoute, qu'en vérité,

---

(1) Quand on voit des hommes comme les Thiers, les C. Perier, les de Maleville.... les chefs les plus éminents, en un mot, du parti conservateur, proclamer leur franche adhésion à la République et à ses institutions *nécessaires*, on peut avoir quelque confiance dans un principe qui provoque de telles professions de foi.

nous sommes trop modestes et courbons trop béatement l'échine sous la suffisance de certains magisters en politique. Rien de mieux, sans doute, que de se méfier de soi-même. Mais pas d'excès d'humilité ; qu'il soit bien établi qu'en fait d'apprentissage, il en est de celui-là comme de tous les autres : les commencements sont difficiles et rebutants ; mais pourquoi n'en pourriez-vous triompher, comme vous triomphez tous les jours, les uns ou les autres, de la lande aride, du métal rebelle au marteau, de la nature tout entière, dont vous provoquez, chaque jour, les forces créatrices ?...

Paysans et ouvriers, vous êtes tous rompus de bonne heure à la dure discipline du *métier*. Vous avez tous subi et surmonté bravement les découragements, les lenteurs énervantes du noviciat ; vous connaissez, en revanche, les fortes jouissances de l'homme maître de son outil ou de sa machine. Eh bien ! traitez de même votre métier de citoyens. Abordez ces fonctions civiques avec la même ardeur, avec la même confiance que la charrue ou l'atelier ; et peu à peu, vous acquerrez la claire notion de ces choses dont on voudrait vous séquestrer ; vous sentirez surgir en vous ces idées dont quelques Pharisiens s'arrogent superbement le monopole, et ce brouillard de convention, qui paraît vous envelopper, se déchirera !

Aussi bien, il n'est pas contestable que le terrain politique, autrefois inaccessible au vulgaire, rentré aujourd'hui dans le domaine commun, se débarrasse à vue d'œil de ses broussailles traditionnelles. Les chemins et les sentiers, pour continuer une figure agreste qui sera familière à mes lecteurs, s'y tracent dans tous les sens, font pénétrer, partout, l'air et la lumière, et débusquent, de leurs fourrés séculaires, les priviléges flanqués de leurs légendes surannées. C'est un défrichement général que nos pères ont vaillamment entrepris et que nous poursuivrons. Nous y faillirons d'autant moins que, dès à présent, les résultats sont palpables et déjà considérables. On commence à voir clair dans les opinions et les partis. Le nombre en est toujours grand, sans doute, plus grand qu'il ne faudrait pour le bien de la chose publique et pour la tranquillité de chacun. Mais les idées et les hommes se classent peu à peu, se rangent en groupes distincts et reconnaissables. Tout, en un mot, malgré les efforts des brouillons et des doctrinaires, de tous les théoriciens de l'équivoque ou de la mystification, tout s'éclaircit autour de l'électeur et se simplifie. Jusqu'à la langue politique elle-même, dont les finesses et les subtilités font place à la netteté laconique du vocabulaire populaire. Un nom, un drapeau, un vote, c'en est assez, le plus souvent, pour juger son homme. Que les hypocrisies et les déceptions persistent néanmoins, c'est certain ; mais c'est là un mal qui a ses racines ailleurs et qu'il n'y a guère apparence de voir jamais disparaître, tant qu'il y aura deux hommes vivant côte à côte sur la planète. Ce qui est moins utopique et un peu plus vrai, c'est que les fonctions électorales deviennent tous les jours plus abordables, et que le moment n'est pas loin, peut-être, où les candidats trouveront en face d'eux, dans toutes les *couches sociales*, des électeurs également avisés et résolus. Il ne suffit que de *vouloir*.

J'arrive au second argument principal de la grande tribu des indifférents. « Que peuvent nous faire, à nous « bonnes gens de la province, absorbés par les labeurs « et les soucis journaliers, telle ou telle forme de gou-

» vernement, le triomphe de tel ou tel parti? Quoi
» qu'il arrive de ces chassés-croisés de ministres ou
» de prétendants, nous ne bougeons, quant à nous,
» d'une semelle, et notre lot reste le même ; l'impôt
» va toujours son train ; nos préfets et nos maires
» s'abandonnent toujours aux mêmes plaisirs de la
» même administration *paternelle ;* et, tout compte
» fait, n'en déplaise aux prédicateurs du progrès, le
» pis qui puisse nous arriver est de subir un *nouvel*
» *alignement* de ces hauts personnages, de payer les
» pots cassés de ces grands changements qu'on ap-
» pelle des révolutions. Nous avons vu tout cela et le
» verrons encore probablement, malgré tous les bouts
» de papier dont nous pourrions bourrer les urnes.
» Donc.... » Et la conclusion va de soi ; on se croise
les bras et.... on courbe l'échine.

Et notons bien, comme circonstance atténuante, que
ces prodigieuses théories de *l'abêtissement en masse* ne
poussent point spontanément au sein des populations
laborieuses. Qui le soutiendrait ferait à son pays une
injure gratuite et le jugerait par l'exception. La niai-
serie calculée de ce boniment laisse deviner, sans peine,
ses véritables inspirateurs. — Ces inspirateurs, ces endormeurs cyniques de la Démocratie, eh ! parbleu ! ce
sont tous ces orgueilleux dont la Démocratie gêne les
prétentions et qu'elle menace d'un *retrait d'emploi* mé-
rité ; ce sont ces docteurs suffisants, ces coryphées du
privilége et de la *conservation* à outrance ; ces hommes
d'Etat *in partibus* qui, chassés par la porte, rentrent
par la fenêtre, et s'en vont, par le pays, évangélisant,
prêchant la merveilleuse panacée des « gouvernements
« sans principes et sans institutions. » C'est dans ce
monde de coteries, où l'on naît tout naturellement
grand homme, où le génie se transmet, par héritage,

comme un lopin de terre ou un titre de rente, c'est au milieu de ces infatigables tripoteurs de portefeuilles ministériels et de *mécaniques* gouvernementales, que fleurissent ces ingénieuses doctrines ; c'est là qu'on fabrique toutes ces formules soporifiques par lesquelles on voudrait conjurer, exorciser ce maudit suffrage universel. Mais le suffrage universel regimbe, et il regimbera de plus en plus, grâce à notre gros bon sens et surtout à la diffusion de l'instruction, cet autre cauchemar du clan des satisfaits.

Instruction ! Citoyens, grand mot, plus grande chose encore, qui prime, en ceci, tout le reste ; qui vaut, à elle seule, tous les progrès, parce qu'elle les garantit et les entraîne tous à sa suite. Demandez-la sans cesse, demandez-la toujours, cette instruction rédemptrice et féconde. Elle seule guidera vos pas novices dans les voies nouvelles, vous préservera des embûches de l'erreur et des séductions de l'intrigue ; elle seule vous élèvera à la dignité d'hommes libres et vous assurera, au terme d'une vie bien remplie, non pas les mystiques jouissances d'une superstition enfantine, mais la récompense du travailleur, la mort du juste, la belle mort !...

D'autres vous ont dit, avec plus d'autorité, et vous diront encore, je l'espère, les bienfaits, les conséquences vraiment incalculables de l'instruction peu à peu répandue au sein des masses profondes du peuple. Mais le plus éclatant, le plus irréfutable témoignage, en vérité, sera donné par vous-mêmes. C'est vous qui, sortant de vos limbes héréditaires, vous levant, comme Lazare, à la parole de vie, ferez la preuve tant contestée et montrerez comment le peuple sait marcher vers la lumière.

Je vois déjà, humble pionnier de la grande œuvre,

je vois, dans mon allégresse de plébéien, luire la première aurore de ce relèvement intellectuel ; je sens,
autour de moi, le souffle vivifiant de la vérité apportée
par la science ; j'écoute, avec l'émotion du combattant
victorieux, tomber une à une toutes les barrières qui
nous parquaient dans l'odieuse ignorance. Oui, la lumière arrive ; elle arrive à flots, implacable pour les
uns, salutaire pour le grand nombre. Elle arrive, déchirant tous les voiles et projetant sur tout événement,
sur chaque incident de la vie sociale et de votre humble
existence son bienfaisant éclat.

Déjà vous ressentez les premiers effets de cette communion intellectuelle, et, commençant sagement par
le commencement, vous apprenez votre histoire ; non
pas cette histoire menteuse des princes et des poten-
tats, mais votre histoire à vous, celle des petits et des
humbles, l'histoire du peuple. Le livre qui vous ra-
conte, dans leurs tragiques détails, les misères de vos
aïeux et les efforts héroïques de vos pères, cet *Evangile*
de l'avenir trouve, désormais, sa place au foyer do-
mestique ; c'est sa lecture qui, succédant, le soir, aux
fatigues du jour, retrempe vos courages, conjure les
défaillances, et vous prépare, dans vos enfants, une
génération de citoyens ayant une égale conscience de
leurs droits et de leurs devoirs. C'est là le principal,
car personne au monde, fût-ce pour la plus juste des
causes, ne peut prétendre, tout d'un coup, à la pleine
réalisation de ses désirs. C'est là une illusion qui nous
a valu déjà bien des déceptions et des reculades, et les
exaltés sont, ici, plus dangereux que nos plus cruels
ennemis. Rien ne sert de courir pour tomber essoufflé ;
l'important est de marcher d'un pas soutenu, d'avancer
peu à peu, comme la nature dans ses œuvres que vous
connaissez bien ; l'important, je le répète, est que les

pères jamais ne se découragent, et que les fils trouvent, chaque fois, l'édifice avec une assise de plus.

Eh bien ! ce sont là, précisément, les sages et fortifiantes leçons que vous puiserez dans la lecture de votre histoire. Vous y verrez, sans remonter bien haut dans nos annales, comment ce serf de la monarchie, *cet animal à deux pattes,* suivant l'expression lugubre d'un écrivain philosophe (1), comment cet être misérable est devenu peu à peu l'homme libre de 89, puis l'électeur d'aujourd'hui ; comment les travailleurs de la terre, alors la *chose* du seigneur et maître, se sont transformés sous le souffle puissant de nos institutions graduellement régénérées, et forment aujourd'hui la masse imposante des petits propriétaires ruraux, des petits bourgeois et des ouvriers, c'est-à-dire, véritablement, le fondement même de la nation. Vous y verrez surtout, et c'est là que je vise dans ce court entretien ; vous y verrez comment cette « horrible, » cette « odieuse » Révolution de 89 a fait jaillir, coup sur coup, de ces Assemblées tant calomniées, les plus grandes, les plus salutaires réformes dont jamais peuple fatigué de despotisme ait reçu le bienfait.

Réforme des lois civiles, par la fondation, désormais inébranlable de l'Egalité, par la constitution de la propriété sur des bases raisonnables, par la suppression d'une foule de pratiques féodales, contraires au sens commun, à la justice et à la paix des familles, comme ce fameux *droit d'aînesse,* comme ces droits de

---

(1) La Bruyère ne trouve pas d'expression plus énergique pour caractériser l'état d'abjection où se trouvait le paysan français sous Louis XIV, c'est-à-dire il y a quelques cent cinquante ans. Les historiographes du « grand roy » feraient bien de prendre ce portrait pour épigraphe de leurs dithyrambes.

*cuissage* et de *jambage,* derniers vestiges de la sauva-
gerie féodale, etc.

Réforme des lois politiques, par la suppression de
l'hérédité dans toutes les charges hautes ou basses,
depuis le chef du gouvernement jusqu'au dernier
garde-champêtre, et principalement, vous le savez
déjà, par la grande institution qui nous a relevés tous,
qui est notre gage suprême et que nous défendrions
au besoin jusqu'à la mort, par le Suffrage universel.

Réforme, ou plutôt *création,* car le peu qu'il y avait
n'était guère à la portée du peuple, création de l'instruction publique, par l'organisation de l'instruction
primaire, par la fondation de ces grands établissements nationaux : *Ecole polytechnique, Institut, Ecole
normale, Ecole des Arts-et-Métiers,* etc., qui feront à
jamais la gloire de la France démocratique, mais qui
nous procurent surtout quelque chose de plus subs-
tantiel que la gloire, c'est-à-dire cette abondante mois-
son de savants, d'ingénieurs, dont vous savez bien
que les lumières profitent à l'agriculture comme à tout
le reste, et nous tirent tous de la routine pour nous
pousser sans cesse en avant.

Je pourrais m'arrêter longtemps à cette fortifiante
énumération ; mais je m'en tiens au plus gros, qui
suffit à prouver mon dire. Est-ce qu'il est possible, en
effet, après une telle lecture, en face d'un tel tableau,
devant le contraste d'une telle impulsion succédant
soudain, par la seule influence de la Liberté, à une
torpeur, à un écrasement séculaires ; est-ce qu'il est
possible encore de nier ou de ne pas voir l'immense
influence qu'exercent les institutions et les hommes
sur les intérêts petits ou grands du pays, sur ses destinées, sur ses chances de prospérité ou de décadence ?
Comment ! voilà, d'un côté, la monarchie héréditaire,

qui vous a gouvernés, protégés, manipulés pendant quinze siècles ; qui a bâti sur vous, de votre sang et de vos sueurs, cet édifice de gloire tant vanté ; voilà cette « divine » domination de quinze cents ans, qui n'a su faire de vous que des mercenaires faméliques ou des colons sans patrimoine, des êtres, enfin, devenus méconnaissables de misère pour leurs propres compatriotes ! (1) Et voici, d'autre part, le régime issu de 89, la Révolution, pour l'appeler par son nom, qui, jaillissant comme un éclair de la nue chargée d'orage, vous saisit, vous illumine et vous transforme ; voici ces régimes *électifs* qui, à peine à leurs débuts, au milieu des embarras d'un avènement disputé, remuent la nation jusque dans ses fondements, en tirent sans relâche des forces nouvelles, et couvrent, en moins de cent ans, le sol régénéré de générations de travailleurs trois fois plus nombreuses, dix fois plus productives ; ces régimes d'où est sorti le *citoyen français* et qui peuvent jeter au passé ce fier défi : « *Ecce homo !* — Voilà notre œuvre ! » Et vous, les affranchis, les hommes nouveaux tirés de la servitude par ce mémorable réveil, vous nieriez l'évidence de ces bienfaits ; vous resteriez indifférents devant ces grandes conquêtes de vos aînés, et pour embrasser la Liberté, vous n'auriez qu'un cœur d'esclave !

Calomnie et mensonge ! de ceux qui veulent vous

(1) Si mes lecteurs avaient le temps de faire du *dilettantisme* littéraire, je les engagerais à lire quelques-unes des lettres de M<sup>me</sup> de Sévigné, dans lesquelles la noble comtesse parle, avec son esprit de patricienne désagréablement *affectée*, de l'état misérable du paysan français dans ce XVII<sup>e</sup> siècle à jamais fameux par ses philosophes, ses charlatans et ses fanatiques. — Mais il y a mieux que cela pour des gens sevrés de loisirs : il y a « *La Dîsme royale,* » de Vauban, dont la réédition serait une œuvre vraiment populaire, et le plus terrible pavé jeté à la face des monarchistes.

ravaler ainsi, pour mieux vous exploiter ; qui vous
prêchent ce détachement de vos affaires, pour mieux
les manipuler à leur aise. Ils vous parlent sans cesse,
je le sais, de leur inépuisable dévouement à la chose
publique, de leur générosité à vous décharger de ces
soucis, et surtout, c'est là leur principal argument, de
leur grande expérience, de leur habileté traditionnelle.
Admirable naïveté de ces Tartuffes arriérés, de croire
que le succès de ces impertinentes bouffonneries du-
rera toujours, et que leurs belles théories de *gouvernants prédestinés* feront indéfiniment les délices des
*gouvernés* dociles !

Non, certes ! cette farce a duré trop longtemps.
Vous avez, aujourd'hui, la mesure de ces habiles et de
leur savoir-faire. Le malheur vous a rendus méfiants.
Sachant bien qu'en ce monde on ne court point ainsi
après les corvées gratuites, vous avez, désormais, pour
ces protestations empressées, pour ces désintéresse-
ments de parade, une invincible répugnance. Vous
estimez, enfin, et c'est aussi ma conclusion, qu'en matière politique, comme dans le reste, il vaut mieux
faire vos affaires vous-mêmes. C'est là, pour parler un
langage trivial mais énergiquement clair, c'est là le
seul moyen, non-seulement de savoir « à quelle sauce
« on sera croqué, mais encore, il faut l'espérer, *de ne
« point être croqué du tout.* »

Si j'ai particulièrement insisté et si je reviens sur
cet arrogant argument d'incompétence qu'on vous
jette perpétuellement à la face, vous devinez pourquoi. C'est qu'il a été, longtemps, l'arme par excellence
des privilégiés, la pièce la plus résistante de leur édifice politique ; c'est qu'aujourd'hui encore, ne l'ou-
bliez pas, grâce aux précautions prises contre l'instruc-

tion populaire, grâce aux menottes dont voudraient la garrotter les admirateurs de la fameuse *loi Falloux* (1), cette thèse intolérable de l'incapacité civique des masses trouve toujours crédit chez bon nombre d'esprits convaincus. Il n'y a qu'un moyen, je le répète, d'en avoir, une fois pour toutes, raison, de la détruire dans sa racine, c'est de marcher tous, résolument et sans désemparer, à la conquête de l'*instruction obligatoire*. Par là seulement vous réduirez au silence l'outrecuidante jactance de vos détracteurs, et vous tiendrez la véritable sanction du suffrage universel.

Non pas, certes ! qu'en l'état actuel même, au milieu des embarras visibles d'une situation transitoire, nous soyions à court de réfutations, et que ces boniments déclamatoires nous trouvent absolument désarmés. Qu'est-ce à dire, en vérité, de cette olympienne attitude et de ces prétentions affichées par les coryphées des classes dirigeantes ? D'où leur viennent cette superbe assurance, cette inaltérable confiance en eux-mêmes, et ce dédain de la « *Plèbe ?* » N'est-ce point l'illustre clan des *classes d'élite,* des politiques raffinés, qui, voulant rapetasser l'ancien régime, vient d'enter-

(1) La loi Falloux, votée en 1850, fut l'expression la plus complète de la réaction cléricale contre la loi bienfaisante de 1833, qui était le plus beau titre de Guizot. La loi Falloux, sauf des modifications insignifiantes, pèse encore, dans son esprit, sur la France, qu'elle condamnerait à l'obscurantisme, si l'on n'y avisait énergiquement. C'est elle qui nous vaut ces *30 ou 40 pour cent d'illettrés* dans la moitié de nos départements, résultat peu surprenant, quand on se rappelle de quelles passions anti-démocratiques étaient animés les législateurs de cette époque et en quels termes extravagants s'exprimait le rapporteur de la loi, M. Beugnot. « Ce n'est pas de la « lenteur des progrès de l'instruction primaire qu'on se plaint ; aujour- « d'hui..... on se demande avec une anxiété croissante s'il n'eût pas mieux « valu *n'ouvrir les écoles qu'avec la certitude de n'avoir pas à les fermer* « *plus tard.* » Et cela en temps de suffrage universel !

rer, coup sur coup, deux monarchies, et deux monarchies de son choix ? N'est-ce point cet habile parti des hauts et puissants patriciens de la nation qui vient de tuer sous lui deux dynasties, la nouvelle dynastie de son cœur et de ses rêves, aussi bien que l'antique et infortunée Maison de France, les d'Orléans après les Bourbons ? Et le deuxième empire, de sinistre mémoire ? Ah ! pour celui-là, on voudrait bien s'en laver les mains, et en charger bravement la Démocratie, les suffrages plébéiens. Le malheur est que l'histoire est là, chaude et palpitante, pour déjouer la manœuvre et rétablir la vérité. La vérité est que, si la porte fut rouverte au prétendant corse, à cette troisième dynastie de hasard, ce fut la faute exclusive des conservateurs, de ces politiciens doctrinaires qui, malgré les efforts des républicains de la Constituante de 1848, firent repousser l'amendement Grévy (1), ouvrirent ainsi la porte et livrèrent le pouvoir à l'usurpateur.

Si je rappelle ces choses, ces souvenirs brûlants, ce n'est point pour récriminer. C'est uniquement pour rétablir la vérité dans l'histoire de nos dernières tribulations nationales. Ce n'est point pour flétrir méchamment des hommes dont le grand nombre, après tout, convaincus, sincères dans leur obstination, croyaient servir leur pays et lui assurer, chaque fois, d'inébranlables destinées. C'est pour montrer, une

_______________

(1) Les Républicains de l'Assemblée constituante de 1848 voulaient pour chef du pouvoir exécutif un simple *délégué* de la Chambre, toujours *révocable par elle.* C'était là le sens du fameux amendement Grévy. Mais la majorité de l'Assemblée préféra un *président* nommé par le suffrage universel et *responsable* devant le pays seul ; en un mot, un pouvoir rival, c'était, comme dit Félix Pyat, une *République à deux têtes.* — On sait les conséquences de cette institution : Nomination de Louis Bonaparte, — coup d'Etat, — Empire....

fois de plus, la vanité de toutes ces conceptions en
dehors et au-dessous du peuple, l'avortement inévi-
table de toutes les combinaisons qui voudraient lui
barrer le passage, et le sort misérable qui attend
l'homme d'État infatué de lui-même ou de sa coterie,
et contempteur de ses concitoyens. C'est surtout,
revenant au second point de ma thèse, pour montrer
d'une manière plus saisissante, je dirais presque poi-
gnante, l'évidence de ce principe, à savoir : l'influence toujours irrésistible des *formes gouvernemen-*
*tales,* du *régime politique,* sur les destinées d'une nation ; sur l'exercice de ses facultés de tout ordre, en
un mot, sur la conduite générale de vos affaires publiques ou privées.

Donc, à ceux qui vous disent encore, avec cette
assurance de docteurs trop longtemps écoutés ; que
la politique est un souci de plus gratuitement ajouté
à tous les autres ; que ses discussions, recherchées
par l'ambitieux désœuvré, sont le danger et la ruine
du travailleur ; que le véritable progrès veut le calme,
la soumission des esprits, et par-dessus tout, une
confiance inaltérable dans les gouvernants ; que ces
allures ombrageuses, ce besoin de surveillance, de
critique, ce contrôle populaire, en un mot, mis ré-
cemment à l'ordre du jour par les plus détestables
doctrines, n'aboutissent qu'au désordre permanent,
aux révolutions intermittentes, et finalement, à l'a-
bîme....

A tous ces mielleux discoureurs, à tous ces défenseurs intéressés d'un *certain ordre,* de celui où ils ont
les grosses parts et les bonnes places, vous répon-
drez, vous aussi, en défenseurs de l'ordre, mais de
l'ordre vrai, de l'ordre juste, du seul ordre possible
depuis 89. Vous leur répliquerez, votre Histoire à la

main, que si les ébranlements violents, les révolutions éclatent parfois et bouleversent une nation pour un temps, ce terrible phénomène s'explique presque toujours par l'orgueil inflexible des uns et par la misère des autres ; que le boulversement devient, en quelque sorte, nécessaire pour rétablir, entre les droits de tous, un équilibre insolemment rompu ; et, vous ajouterez, plébéiens de toutes les classes, de toutes les origines, de toutes les professions, vous ajouterez, ouvriers et paysans, que ces révolutions redoutables, que ces drames sanglants, seraient précisément évités, si juste part était faite par tous, si la gestion des affaires de tous n'était point le monopole et comme la propriété de quelques-uns ; et, qu'en voulant aviser, voir par vous-mêmes et sortir de votre sommeil, vous vous montrez, à la fois, les plus dignes et les plus sages ! Vous ferez cette réplique avec calme, sans esprit de rancune, mais avec la fermeté des gens bien résolu, à se mettre à l'œuvre, et à donner aux endormeurs déconfits leur congé définitif.

C'est alors, seulement, que se déchireront les voiles de nos destinées orageuses ; que nous comprendrons le prétendu mystère de nos trop nombreuses révolutions et saurons, peut-être, en prévenir le retour ; c'est alors, seulement, que l'Europe attentive, passant de l'inquiétude au respect, pourra dire, en méditant notre exemple : « *Un peuple a toujours le gouvernement qu'il mérite.* »

Je voudrais vous parler, encore, d'un certain nombre de raisons secondaires mises en avant par les mêmes professeurs de *résignation* politique, pour vous prêcher les charmes du détachement, pour vous cantonner dans la quiétude de l'abstention. Je les ai citées plus haut. Le manque de temps ; la difficulté de s'entendre et de composer un mandat. Puis, le mandat trouvé, la difficulté plus grande de le confier en mains sûres et de ne pas voir, à l'épreuve, le plus clair de l'œuvre électorale s'en aller en fumée. Sur tout cela, je me suis déjà expliqué ; mais, je crois fermement, au surplus, que le plus simple est de s'en rapporter à l'action même de la pratique électorale sur l'esprit des électeurs. Qu'on marche avec exactitude au scrutin ; qu'on s'y prépare, mieux encore par les conversations journalières, par les relations de voisinage, que par les réunions *autorisées;* qu'on s'habitue à considérer l'acte solennel de toute élection, comme une cérémonie publique, un rendez-vous cantonnal, comme *la Fête,* en un mot, naturellement célébrée pour remplir le Dimanche, jour du repos. Et toutes ces subtilités, toutes ces finasseries de pessimistes tomberont d'elles-mêmes, ou plutôt, vous apparaîtront ce qu'elles sont en réalité, les derniers efforts d'un parti désespéré de sa déroute, les derniers artifices d'une ambition démasquée, le ricanement du dépit.

Quoi ! nul d'entre vous ne recule, quand il y va de ses propres affaires. Rien ne le décourage, quand il s'agit de s'initier à son petit métier, à son négoce ; ni les lenteurs de l'apprentissage, ni les misères du début ; rien ne paraît trop long, trop compliqué, et le plus novice d'entre vous sait, quand il faut, trouver aide, conseil et ressources. Toutes choses qui, pour le dire en passant, vous font le plus grand honneur ; qualités solides, qui, non-seulement, vous assurent de votre vivant le pain de chaque jour, mais encore vous valent, dans l'Histoire, ce vieux renom d'activité et de bon sens, apanage du paysan comme de l'artisan français. Et, bizarrerie étrange! dès qu'il s'agirait des affaires publiques, des intérêts de la Commune, du Département, de la Nation, vous auriez la tête vide et le cœur débile! Vous resteriez en face de ces questions capitales qui priment toutes les autres, comme des mineurs timides attendant un tuteur et des lisières !

Ah! j'entends, déjà, vos énergiques protestations; je partage l'indignation de votre amour-propre blessé par de semblables suppositions et, j'ajoute, que vos scrutins leur font, tous les jours, une réponse méritée. Mais cette réponse a besoin, plus que jamais, d'être claire, catégorique, triomphante. C'est justement là l'objet du mandat.

Il faut donc bien s'entendre sur ce point, et dissiper ou prévenir toute équivoque. C'est, principalement, je l'ai dit, l'expression de *mandat impératif* qui a le fàcheux privilége d'alimenter la malveillance intéressée comme d'effaroucher l'honnêteté consciencieuse. C'est là la *tête de Méduse* que manœuvrent, avec un certain succès, les prôneurs de l'indifférence politique ou du *blanc-seing* électoral. C'est, en conséquence, celle-là que nous allons examiner ensemble, et, sans trop de peine, je l'espère, tirer une fois pour toutes au clair.

Que pouvons-nous raisonnablement imposer, nous, la masse et le nombre, aux individualités d'élite que nous envoyons dans nos Assemblées nationale, départementales, communales? Quel programme sommes-nous à même de leur assigner, dans quelles limites convient-il de lier nos mandataires par des conditions stipulées, et d'asservir, en quelque sorte, leur libre-arbitre éclairé à la judiciaire indécise des foules? Telles est la question qu'il faut résoudre, et résoudre sans ambages.

On a longtemps discuté, épilogué sur ce grave sujet ; la bataille dure toujours et tourne parfois en une mêlée confuse, où les jouteurs sérieux se mesurent, au hasard, avec les plaisantins bouffons. La vérité même, chose triste à dire, est que l'esprit gaulois de nos écrivains, plus frappé des anomalies apparentes que de la justesse du fond, s'abandonne aux charmes de la contradiction, verse dans l'absurdité, et conclut prestement à la négative. Il faut voir, alors, de quel dédain magistral on écrase les prétentions de l'électeur ; avec quelle ironie superbe, certains dilettantes politiques traitent son intempestive vigilance. On s'amuse de ces ouvriers, de ces paysans assez mal appris pour s'ingérer des votes de leurs députés. On rit finement de ces rustiques, de ce populaire, prétendant dicter aux orateurs, leurs harangues, leur attitude, et régenter, en un mot, les travaux des Assemblées. Puis, en guise de coup de massue, on appelle à la rescousse le témoignage irréfutable de toutes les célébrités parlementaires ; on cite *Mirabeau, Royer-Collard, Montalembert* et *tutti ;* on parle, avec une emphase sarcastique, de ces bouts de papier mis à la place des députés muets, de ces serments prêtés sur le Forum, etc., et, finalement, cette aspiration légitime du mandant, ce besoin naturel de voir clair se trouve traité comme une fantaisie de mauvais goût, enterré sous les quolibets. Ce n'est point là votre avis ni le mien. On va voir nos raisons.

Et, d'abord, qui parle ici, d'enchaîner, de la sorte, l'initiative de nos *honorables ?* Qui songe à leur faire ainsi la leçon ; à leur dicter, pour chaque cas hypothétique, pour les questions particulières, accidentelles, souvent imprévues, leur conduite, leur opinion et jusqu'à leurs dissertations de tribune ? Croit-on sérieusement, qu'il existe, quelque part, des cervelles assez disloquées pour imaginer de telles rêveries et, surtout, assez d'innocents pour s'en repaître? Si les adversaires du mandat fondent leur grand argument sur cette originale facétie, grand merci pour ces Messieurs, qui nous dispensent de répondre. Le bon sens *vulgaire*, la logique terre-à-terre qui est notre guide, n'ont rien à faire sur ce terrain d'excentricités paradoxales.

Non certes! nous n'allons point ainsi, tête baissée, contre la nature des choses, et n'entendons point, quoiqu'on dise quelque part, patauger dans l'absurde.

Nous voulons des députés véritables, et non des députés *in partibus;* et, pour leur communiquer nos intentions, pour entrer, avec eux, en communion d'idées, notre premier souci est d'éviter également ces niaiseries ou ces subtilités dont on voudrait nous effrayer. Nous savons bien que la tâche est difficile, et qu'il nous manque, malheureusement, plus d'un élément d'information. Mais, nous savons aussi que les principes généraux, les notions d'ensemble, s'élaborent souvent, au sein des masses incultes, aussi bien que dans les intelligences d'élite, et qu'après tout, pour se prononcer sur des choses, sur des intérêts, sur des lois, dont on vit, dont on tire, chaque jour, peine ou jouissance, il n'est pas absolument nécessaire d'être bachelier ou docteur, mais simplement travailleur. Nous estimons, dès-lors, sous l'empire de ces convictions fort légitimes, que sur tous ces points, en quelque sorte fondamentaux, il nous importe de sonder nos mandataires, de leur signaler nos aspirations précises, de leur indiquer, sans détour, les voies à suivre et la besogne à faire. Nous trouvons, pour conclure, cette prétention non-seulement si naturelle, si inattaquable, mais encore si *pratique,* que nous sommes doublement surpris, et de l'avoir si longtemps délaissée, et de lui voir, aujourd'hui que nous en usons, des adversaires aussi acharnés.

Voilà bien, j'en suis sûr, vos sentiments ; voilà votre réponse de citoyens majeurs à tous ces bons apôtres de patrons politiques, à ces tuteurs empressés de votre prétendue *minorité*.

Il n'est pas douteux que cette manière de voir les surprenne désagréablement et rende moins lucratif leur dévouement *tutélaire*. C'est leur affaire et non la nôtre. Que chacun de vous soit seulement résolu à payer raisonnablement de sa personne, à consacrer aux intérêts généraux un peu de son temps et de ses efforts, c'est là le principal. Comme il importe, au surplus, de ne point se payer de mots, de tout préciser et de vider à fond cette question tant controversée, je vais m'avancer, avec vous, sur le terrain pratique et m'appuyer de quelques exemples.

Je parle en votre nom.

*Question des impôts.* — Nous savons tous, par expérience personnelle, par les comptes de nos petits ménages, qu'il existe, quelque part, dans le *massif* formidable de nos impôts, une charge particulièrement pénible pour le pauvre, celle des *impôts indirects*, des fameux *droits réunis* du premier empire. Nos présomptions instinctives, surabondamment confirmées aujourd'hui par les travaux des savants, nous ont définitivement convaincus, que les lois de l'équité sont absolument violées dans notre système financier actuel. Eh bien! comme c'est là une chose vitale pour une nation, que la réforme est du ressort de l'*Assemblée*, nous *imposerons* à nos députés le mandat de provoquer, sans relâche la *Réforme des lois d'impôts* (1).

*Question de l'instruction.* — L'égalité civile, le suffrage universel, le service obligatoire, toutes ces grandes conquêtes du peuple, qui nous rendent tous, plus étroitement que jamais, solidaires des destinées du pays, font, désormais, une nécessité de la diffusion également universelle de l'instruction. Mais ces raisons ne sont point les seules. Tous les jours, cette misère intellectuelle, dont nous gémissons, provoque chez nous, dans nos affaires, dans nos labeurs, les plus amers regrets. Nous souffrons, dans nos intérêts comme dans notre amour-propre, d'être à ce point novices à tout effort intellectuel; et quand il nous arrive de lire dans les tableaux de statistique dressés par la science, une de ces affirmations lugubres et malheureusement vraies, comme celle-ci : « Que cha-
» que année, le défaut d'instruction, l'incurie, l'abru-
» tissement, nous coûtent la mort prématurée de plus

(1) Avant les formidables budgets, que nous vaut la guerre de 1870, la charge de nos contributions indirectes se chiffrait en bloc, *bon an mal an*, par une moyenne de *550* millions. Or, un simple calcul d'arithmétique, basé sur les statistiques, où l'on voit d'une part, le revenu total annuel (14 ou 15 milliards ?) se répartir fort inégalement entre moins *d'un million* de citoyens aisés et plus de *huit millions* de prolétaires ; de l'autre, la portion contributive individuelle se répartissant, sur chaque tête, à dose à peu près égale ; une simple proportion, disons-nous, montrerait aisément que pour cet article du budget, le pauvre paie, *relativement* à ses ressources, dix fois plus que le riche. — Cette proposition, qui est aujourd'hui une vérité banale, ne fait, on le divine, que s'accentuer davantage avec le chiffre actuel de *800* millions de nos contributions indirectes.

» de *cent mille* nouveaux-nés ! (1) » Quand nous voyons les générations de la plèbe ainsi fauchées par cette famine intellectuelle, notre affliction se change en un frémissement de colère, et nous jurons, à tout prix, de guérir cette plaie honteuse de l'ignorance qui nous décime. Nous imposons à nos députés le mandat de travailler, sans relâche, à l'établissement de *l'Instruction obligatoire.*

*Questions économiques.* — Depuis un demi-siècle, les progrès de l'industrie et des arts ont complètement transformé les pratiques du travail, aux champs comme à l'atelier. L'introduction des machines, la division du travail, la multiplication des capitaux, toutes les forces modernes, enfin du monde économique, ont fait surgir un ordre nouveau, dans lequel, notamment, les situations respectives du patron et de l'ouvrier se trouvent profondément modifiées. Nous ne savons point encore ce qui sortira définitivement de cette grande évolution, et prétendons encore moins le deviner. Mais, ce que nous savons bien, c'est que les lois actuelles ne nous suffisent point, nous gênent les uns et les autres, et sont entachées d'une partialité qui doit disparaître. Si nous étions les seuls à penser ainsi, nous serions plus circonspects et ferions peut-être, en patientant, de nécessité vertu. Mais nous entendons partout, principalement en Angleterre, ce grand atelier du monde, les hommes com-

(1) Résultat statistique consigné dans les rapports des commissions médicales des hôpitaux de Paris et publié par les grands journaux de la capitale (2e sem. 1874).

pétents, les savants, les patrons eux-mêmes, penser et parler comme nous sur toutes ces choses. En d'autres termes, partout, les gens sincères s'accordent à opiner que, désormais, l'ouvrier de la grande industrie, doit être en possession de certains droits, formant le contrepoids indispensable des nouvelles prérogatives acquises par le capital; que toute législation fermée à ces légitimes réformes, est une législation boîteuse; que le temps est venu d'aviser, etc., etc. Eh bien! forts de nos convictions et de ces hautes lulumières, nous imposerons à nos députés le mandat de soulever, sans désemparer, les questions urgentes du *droit de réunion,* du *droit d'association,* et de nous assurer là-dessus solution équitable pour tous.

Nous pourrions encore, sans dépasser les bornes de nos [modestes appréciations, formuler de semblables jugements sur quelques-uns de ces grands problêmes, dont on nous croit trop gratuitement incapables. Que nous soyons novices pour nos fonctions civiques, c'est certain; et nul, plus que nous, n'en est tourmenté. Mais nous ne sommes point, qu'on le sache, les *Béotiens* qu'on pense, sur les questions considérables, dont la première idée appartient, après tout, le plus souvent, aux philosophes, aux penseurs sortis de nos rangs. Nous aussi, nous avons notre opinion sur la liberté de conscience, sur la liberté individuelle, sur l'indépendance de la Commune.... Sur toutes ces choses et sur d'autres, nous prétendons stipuler nos volontés; et, n'en déplaise à ceux qui s'écriaient, un jour, dans leur orgueil ridicule : « Il n'y aura jamais de jour pour le suffrage univer- « sel, pour le peuple! » nous y parviendrons. (1)

_______

(1) Guizot, à la tribune des députés de la monarchie censitaire.

Tels seront, désormais, citoyens, votre attitude et votre langage. C'est alors que la Bourgeoisie, revenant de ses partis-pris et de son erreur, reprenant la grande tradition de 89, reconnaîtra son allié de la première heure dans le prolétaire d'aujourd'hui ; qu'elle tendra une main généreuse à ces frères délaissés. Elle aussi se souviendra, en guidant vos efforts, de ses misères et de ses luttes, de ses sacrifices et du plus pur de son sang versé pour les grandes conquêtes de la liberté humaine. Est-ce que des hommes, qui comptent parmi leurs pères les héros et les victimes de la Révolution, les Danton, les Pétion, les Carnot, toute cette phalange de bourgeois intrépides, fondateurs du droit moderne ; est-ce que les héritiers d'une telle génération pourraient indéfiniment tourner le dos au peuple et méconnaître leur mission ? Non, certes ; ils seront vos conseils et vos guides, et tous ensemble, vous remplirez sans défaillance vos devoirs civiques. Tous ensemble, vous travaillerez dans la mesure de vos loisirs et de vos forces à l'œuvre commune. Vous ferez tous, loyalement et au grand jour, votre part de *politique*. Ce sera, soyez-en sûrs, le meilleur moyen de vous garer des surprises, d'éviter les malentendus, et de guérir, par un exercice salutaire de tous les jours, la fièvre intermittente des révolutions.

Je conclus comme j'ai commencé ;

« Que l'Hôtel-de-Ville soit votre Temple, Bourgeois, « Laboureurs, Artisans ! Que les jours de vote soient » vos jours de fête. »

J.-J. R.

Constantine, le 12 Novembre 1874.